HISTOIRE

DU

GÉNÉRAL CAVAIGNAC

CHEF DU POUVOIR EXÉCUTIF

SUIVIE

DE LA VIE ET DE LA MORT

DE

Mgr L'ARCHEVÊQUE DE PARIS.

PRIX : 20 CENTIMES.

PARIS
CHEZ LES MARCHANDS DE NOUVEAUTÉS

1848

HISTOIRE

DU

GÉNÉRAL CAVAIGNAC

LE GÉNÉRAL CAVAIGNAC.

HISTOIRE

DU

GÉNÉRAL CAVAIGNAC

Le général Cavaignac, président du Conseil des Ministres, chargé du Pouvoir exécutif, est sorti des rangs de notre armée d'Afrique. Les événements terribles qui viennent de le placer dans cette position suprême ont fait ressortir son grand caractère et sa haute capacité politique.

La France le connaissait comme général; la France le connaît maintenant comme homme d'état, et l'histoire le rangera un jour au nombre des grands citoyens, à côté de Franklin et de Washington.

Tel est l'homme dont nous allons esquisser l'histoire. Élève de l'École polytechnique et général des champs de bataille de l'Algérie, le général Cavaignac présentait toutes les garanties de savoir, de courage éprouvé, d'expérience acquise, lorsque la révolution de février éclata. Dans ce moment critique où la République renaissante marchait, incertaine de l'avenir, dans le chemin de l'imprévu, alors qu'elle avait à craindre l'Europe coalisée au dehors et les factions réactionnaires ou désordonnées au dedans, les yeux des bons citoyens se tournèrent tous vers Cavaignac. Nommé d'abord général de division et gouverneur de l'Algérie, il fut appelé à Paris pour y prendre le portefeuille de la guerre, prélude d'une destinée plus élevée. Cavaignac hésita longtemps : il mesura ses forces et la grandeur de la tâche, et, éclairé par son patriotisme, il comprit qu'il serait à la hauteur de cette mission; — il accepta.

C'est quelque temps après qu'éclata cette lutte terrible qui mit la République à deux doigts de sa perte. lutte cruelle où a coulé le sang le plus précieux de la France; lutte impie qui fait rétrograder la civilisation de deux siècles; car il faut remonter jusqu'à la Ligue pour retrouver un exemple des fureurs et des cruautés dont nos rues devinrent le théâtre pendant les journées néfastes des 23, 24, 25 et 26 juin.

Au milieu de cette lutte suprême, les talents et le caractère de Cavaignac apparaissent sous leur jour véritable : ses dispositions savantes pour éteindre l'émeute; son courage, son sang-froid pour ranimer et soutenir le courage et le sang-froid de tous; ses proclamations, toujours conciliantes et empreintes du plus pur patriotisme, pour arrêter l'effusion du sang; enfin, ces mots, que l'histoire a déjà consacrés, ces mots jetés au milieu des fureurs du combat et de l'entraînement de la victoire, *Que les vaincus soient épargnés*, tout lui a concilié les esprits non-seulement en France, mais en Europe, et c'est au milieu des acclamations unanimes que l'Assemblée nationale a décrété qu'*il avait bien mérité de la patrie*.

Mais, avant de retracer les événements, disons un mot du passé militaire ou politique du général Cavaignac.

Louis-Eugène Cavaignac, second fils du conventionnel de ce nom, frère du fameux publiciste que nous avons vu succomber à la peine, est né à Paris le 15 octobre 1802.

Après avoir terminé ses études au collége Sainte-Barbe, il fut admis à l'École polytechnique, puis il entra, le 1ᵉʳ octobre 1822, comme élève sous-lieutenant du génie, à l'école d'application de Metz. Placé, en 1824, dans le 2ᵉ régiment du génie, il y devint successivement lieutenant en second, le 1ᵉʳ octobre 1826, et lieutenant en premier, le 12 janvier 1827. Il fit, en 1828, la campagne de Morée, remplissant les fonctions de capitaine en second, puis fut nommé, le 1ᵉʳ octobre 1830, capitaine dans le même régiment.

A son retour de l'expédition de Morée, Cavaignac se trouvait en garnison à Metz, lorsque parut, en 1831, le projet d'association nationale, il en fut un des premiers souscripteurs ; mais, le gouvernement s'étant hâté de s'opposer aux nobles sentiments des citoyens qui se dévouaient ainsi à la défense du pays, on le mit en non activité. C'était l'illustre Périer qui commençait sa contre-révolution. Cavaignac, rappelé au service en 1832, fut envoyé à Oran, où il contribua aux travaux de casernement et de défense de la place, ainsi qu'à l'établissement de la belle route de Mers-el-Kebir. Le 3 juillet, il fut nommé chevalier de la Légion d'Honneur.

A l'armée d'Afrique, le capitaine Cavaignac trouva plusieurs fois l'occasion de se faire remarquer; mais, aussi modeste que brave, jamais il n'essaya de faire valoir ses services, qu'il ne considérait que comme l'accomplissement rigoureux de ses devoirs.

Après le succès de l'expédition de Mascara, le maréchal Clausel voulut profiter pour s'emparer de Tlemcen de la présence des nombreux renforts qui avaient été envoyés à Oran. Le 8 janvier 1836, un corps expéditionnaire quitta les murs de cette ville, et arriva le 13 à Tlemcen, où l'armée séjourna 25 jours. Au départ de la colonne française, une garnison fut laissée par le maréchal dans le Méchouar de la ville; elle était composée d'hommes de bonne volonté. La position était critique; abandonnée à ses propres forces à l'extrémité occidentale de l'Algérie, non loin des frontières du Maroc, entourée de tribus entreprenantes et belliqueuses, cette poignée de braves ne devait compter que sur son énergie. L'imminence du danger ne fit qu'accroître le courageux dévouement de nos soldats. Des centaines de volontaires se présentèrent; parmi ceux-ci se trouvait le capitaine Cavaignac; ce fut lui que le maréchal nomma commandant supérieur du Méchouar et des 500 hommes pris dans le corps de l'armée; 500 fusils furent donnés à ceux des Koulouglis de Tlemcen qui manquaient d'armes et avaient pris parti pour nous.

Le 7 février, Cavaignac et sa troupe dévouée furent livrés à eux-mêmes. Dès ce moment, les actes du chef de bataillon provisoire révélèrent un homme fait pour exercer un commandement supérieur; avec des ressources infimes, il établit des hôpitaux, des ateliers en tout genre, des casernes, et perfectionna les moyens de défense du Méchouar.

Plusieurs ravitaillements de la garnison de Tlemcen eurent lieu successivement, entre autres ceux conduits par le maréchal Bugeaud; mais, à partir des premiers jours de septembre, elle fut réduite aux trois quarts de ration de pain; en octobre et en novembre, l'on ne put distribuer que du pain d'orge fait avec de la farine non blutée, et seulement à raison de huit onces par jour à chaque homme. Aussi la détresse avait-elle atteint son plus haut période, malgré l'abondance de la viande fraîche et malgré les ressources de détail qu'avaient créées l'intelligence, l'activité et la foi de Cavaignac à la noble mission qu'il avait acceptée. Lorsque, le 28 novembre, une nouvelle expédition vint renouveler les approvisionnements, Cavaignac continua à exercer son commandement avec succès. Attaqué plusieurs fois par des troupes nombreuses, il parvint non-seulement à les repousser, mais encore il fit éprouver aux Arabes des pertes si considérables, qu'il les força de s'éloigner de la place.

Vers la fin de mai 1837, la garnison de Tlemcen fut relevée par un bataillon du 47ᵉ de ligne. Pendant l'accomplissement de sa pénible et glorieuse mission, Cavaignac avait su conquérir l'estime et l'affection de ses troupes, et il emporta, en quittant Tlemcen, les regrets de tous les habitants. Malgré les services signalés rendus pendant cette longue occupation, le gouvernement se montra peu empressé de reconnaître les grades provisoires qui avaient été donnés par le maréchal Clauzel au bataillon de Tlemcen et à son commandant; il ne fallut rien moins que la chaleureuse insistance du général Bugeaud pour que justice fût enfin rendue à ceux qui l'avaient si bien méritée.

Cavaignac fut promu au grade de chef de bataillon le 4 avril 1838, et prit le commandement du 3e bataillon des Zouaves, dont le noyau fut formé par les volontaires de Tlemcen.

Mais bientôt le mauvais état de sa santé obligea Cavaignac à quitter le sol africain; il fut mis en non activité pour infirmités temporaires. Ne voulant pas que son repos fût inutile à la noble cause que son bras avait jusqu'alors si utilement servie, il employa les loisirs qu'il acceptait forcément à publier sur notre colonie africaine des considérations qui furent à juste titre remarquées.

À peine rétabli, il demanda à reprendre du service; il fut nommé au commandement du 2e bataillon d'infanterie légère d'Afrique. Il servit avec la même distinction à la tête de ce corps qui, connaissant la réputation de son chef et sa bravoure, lui accorda les premiers jours toute sa confiance.

Le 20 avril 1840, Cavaignac fut placé à

Cherchell, que l'on venait d'occuper, et défendit vigoureusement la place que l'on venait de lui confier contre les attaques des Ben-Arach. Nommé, le 20 juin 1840, lieutenant-colonel des Zouaves, colonel du même régiment, le 20 avril 1841, il continua à la tête de ce corps sa carrière de gloire et de dévouement. En 1843, il obtint le commandement d'El-Esnam, devenu Orléansville, et dont il fut aussi le fondateur. Fait maréchal de camp, le 16 septembre 1844, Cavaignac reçut du maréchal Bugeaud, qui se plut à lui reconnaître toutes les qualités du généralat, le commandement de la subdivision de Tlemcen, où le premier il avait soutenu et illustré le drapeau français. Il y acquit de nouveaux titres à la reconnaissance de son pays et à l'estime de ses frères d'armes. Sans les lenteurs préméditées et les fausses indications de l'un de ses supérieurs, il eût atteint la Déirah et soustrait nos malheureux prisonniers à l'hécatombe sanglante qu'on leur préparait.

La révolution de février l'a trouvé exerçant par intérim le commandement de la province d'Oran. Nommé général de division par décret du 4 mars 1848, il a été appelé naguère par le gouvernement provisoire au commandement général de l'Algérie. Élu successivement représentant du peuple par les départements du Lot, de la Seine et par l'Algérie, l'Assemblée nationale l'a nommé d'abord l'un de ses vice-présidents, puis ministre de la guerre, et enfin président du conseil des ministres chargé du pouvoir exécutif. Voyons quelques-uns de ses actes d'après les documents officiels.

Le général Cavaignac était à Oran lorsque la révolution de février éclata; c'est là qu'il apprit à la fois sa nomination au grade de général de division et de gouverneur général de l'Algérie; il adressa à l'armée la proclamation suivante, qui mérite d'être conservée dans l'histoire :

« Soldats,

« La République est constituée, elle l'a été aux acclamations du pays. Une assemblée solennelle de la nation ne tardera pas à sanctionner le premier acte de sa volonté.

« Soldats, le devoir, cette fois, vous est facile à remplir; vos bras appartiennent à la patrie, vous serez heureux de verser votre sang pour elle.

« Le gouvernement provisoire de la République m'a appelé à votre tête. Soldats, je ne m'y trompe pas; si la nation n'avait eu besoin que d'un homme dévoué, son gouvernement pouvait presque jeter au hasard, parmi vous, le bâton de commandement. Le gouvernement a voulu autre chose, il a voulu répondre à la pensée du pays tout entier. En me désignant, il a voulu honorer, au nom de la nation, la mémoire d'un citoyen vertueux, d'un martyr de la liberté.

« De grands devoirs me sont imposés, j'y serai fidèle. Les vôtres, vous les connaissez, et vous n'y manquerez pas.

« La nation veut que vous soyez commandés avec fermeté, avec justice. A ceux à qui elle confie son pouvoir sur vous, elle ordonne de ne pas oublier que vous êtes ses enfants. Elle veut que vos chefs méritent votre confiance; elle leur défend de l'obtenir par la faiblesse et l'oubli des devoirs. Vous me trouverez tel que beaucoup de vous me connaissent, car je ne suis pas nouveau parmi vous. Quant à vous, vos devoirs se résument dans un mot : *l'obéissance;* l'obéissance, non à la volonté d'un homme, mais à la loi militaire, telle que la volonté nationale l'a faite.

« Soldats, votre attitude, votre amour du devoir et de la discipline, vont rassurer les amis de la République et inspirer à ses ennemis une crainte salutaire. »

En même temps, il prit des mesures pour la défense du territoire algérien et pour l'établissement de la République.

Un de ses arrêtés porte :

« Vu l'urgence,

« Arrêtons ce qui suit :

« Art. 1ᵉʳ. Les miliciens des territoires civils de l'Algérie seront appelés à élire, par compagnies, leurs officiers, jusqu'au grade de capitaine inclusivement, leurs sous-officiers et caporaux.

« Art. 2. Les chefs de bataillon ou d'escadron, porte-drapeaux et porte-étendards seront nommés par le gouverneur-général, sur la liste de trois candidats élus par les officiers et sous-officiers du bataillon ou escadron.

« Art. 3. Les officiers, ainsi que les candidats ainsi élus, devront être pris parmi les citoyens français ou naturalisés français.

« Art. 4. Le gouverneur-général nommera directement le colonel et le lieutenant-colonel de chaque légion.

« Art. 5. Concourront aux élections les seuls miliciens inscrits au contrôle du service ordinaire à la date de la publication du présent arrêté.

« Art. 6. Une élection ne sera valable qu'autant qu'elle aura été faite avec la participation de la moitié au moins des citoyens composant la compagnie.

« Dans le cas où, après trois convocations successives, les miliciens d'une compagnie ne se seraient pas réunis en nombre suffisant, les officiers, sous-officiers et caporaux seraient nommés par le gouverneur-général.

« Art. 7. Il sera procédé aux élections suivant les formes établies par l'arrêté du 28 octobre 1836.

« Art. 8. Ces élections commenceront à Alger le 14 du courant; dans les autres parties de l'Algérie, huit jours après la publication du présent arrêté.

« Art. 9. MM. les directeurs, sous-directeurs, commissaires civils et maires, sont chargés de l'exécution du présent arrêté.

« Alger, 11 mars 1848.

« CAVAIGNAC. »

Nommé représentant, ainsi que nous l'avons dit, par les trois colléges de la Seine, du Lot et de l'Algérie, il opta pour son département, et vint à Paris prendre part aux travaux de l'Assemblée nationale.

Nommé ministre de la guerre, il s'appliqua à rétablir dans l'armée la discipline que la révolution avait ébranlée; on connaît encore les ordres du jour ainsi conçus :

« Des actes de révolte et de violence ont

été commis à Arras, le 13 de ce mois, par des soldats égarés du 9e régiment de hussards, du 5e d'infanterie légère et du 1er régiment du génie. Des salles de police ont été forcées, l'autorité des officiers et des sous-officiers a été méconnue.

« Les coupables seront punis.

« Une enquête sévère se poursuit; déjà quatre prévenus sont dans les prisons de Lille, d'autres inculpés les y suivront sans doute; les lois militaires leur seront appliquées dans toute leur rigueur.

« Aucun des sous-officiers, ni des caporaux ou brigadiers n'a pris part au désordre. Tous, au contraire, ont puissamment aidé les officiers à le réprimer.

« Le ministre de la guerre leur en témoigne à tous sa satisfaction, et il signale particulièrement à l'armée les militaires qui se sont fait remarquer par leur fermeté dans cette circonstance, ce sont :

« Au 1er régiment du génie : le capitaine

commandant Montbrun, le capitaine Bremond, le lieutenant Gondis.

« Au 5ᵉ léger : le lieutenant Allary.

« Au 9ᵉ hussards : l'adjudant sous-officier Gaussin, le maréchal-des-logis-chef Vassel, le maréchal-des-logis Grangeneuve, le maréchal-des-logis Saint-Roman.

« Usant du pouvoir qui lui est conféré par les règlements en cas de services extraordinaires, le ministre ordonne que les officiers et sous-officiers ci-dessus désignés seront portés *d'office* sur le tableau d'avancement.

« Ni les uns ni les autres n'attendront longtemps la juste récompense de leur énergique et honorable conduite.

« Paris, le 17 mai 1848.

« Le ministre de la guerre,

« E. Cavaignac. »

En même temps le général opérait d'importantes réformes dans l'administration centrale de la guerre; partout son action se fit sentir, et chaque jour il donna des preuves nouvelles de sa haute capacité.

Des signes précurseurs des orages politiques présageaient depuis longtemps les événements de juin : la démonstration du 16 avril, l'envahissement de l'Assemblée au 15 mai, tout annonçait une terrible lutte; elle éclata le 23 juin, à la suite du licenciement des ateliers nationaux.

Tous les regards se tournèrent aussitôt vers Cavaignac; le pouvoir exécutif lui fut décerné à l'unanimité par l'Assemblée nationale.

Un mot maintenant sur les événements. Dès le 22 juin, Paris présentait un aspect inaccoutumé; de sourdes rumeurs passaient dans la ville.

Dès le soir, des attroupements avaient eu lieu, et une immense colonne d'hommes au visage pâle, mais animé, au regard sinistre,

mais plein de feu, parcourt une partie de la rive gauche de la Seine, jetant sur son passage ce cri lugubre et cadencé : *Du pain ou du plomb!* Arrivée sur la place Saint-Sulpice, elle s'arrête pour entendre quelques orateurs, dont la voix véhémente surexcite le courage et l'énergie, puis, reprenant sa marche, elle se dirige rapidement vers la place du Panthéon, éclairée par les sinistres lueurs des torches.... Cette colonne, c'est l'avant-garde de l'insurrection.... C'en est fait, le sort en est jeté, la guerre civile est décidée. Au cri de la bataille qui part à cette heure du Panthéon, les faubourgs Saint-Jacques, Saint-Marceau et Saint-Antoine ont répondu : *A demain!* . . . .
. . . .

Pendant la nuit, les insurgés préparent leurs moyens d'action, et la défense dort encore. Les barricades s'élèvent sans résistance sur un grand nombre de points, avec un art, une habileté de stratégie inconnus jusqu'alors dans nos luttes civiles, et l'ordre, menacé dans la famille, dans la propriété, l'ordre laisse faire; il se laisse enfermer, emprisonner dans ces formidables forteresses de pierres et d'hommes que le courage et les baïonnettes de la garde mobile, aidés par le canon de l'armée et le noble dévouement de la garde nationale, devraient renverser plus tard dans le sang et sur des monceaux de cadavres.

Enfin le tambour se fait entendre.... C'est d'abord le rappel pour quelques bataillons, puis le rappel pour les légions entières, puis la générale; cette affreuse générale qu'on entend seulement alors que la patrie est en danger.

La première, la garde nationale court aux armes; la première, elle s'élance seule et sans mesurer ses forces sur les barricades; la première, elle éprouve de sanglantes pertes et présente bravement sa poitrine nue et découverte devant la balle de plomb qui se cache et frappe à coup sûr le cœur des victimes qu'elle choisit....

On est d'abord surpris; mais bientôt on commence à comprendre le plan des insurgés. L'émeute s'étendait sur la rive droite depuis le faubourg Poissonnière jusqu'à la Seine, embrassant ainsi le faubourg Saint-Martin, le faubourg du Temple et le faubourg Saint-Antoine; sur la rive gauche, elle occupait les faubourgs Saint-Marcel, Saint-Victor et le bas du quartier Saint-Jacques; ces deux positions étaient reliées entre elles par l'occupation de plusieurs points, tels que l'église Saint-Gervais, une partie du quartier du Temple, les abords de Notre-Dame et le pont Saint-Michel. L'église Saint-Séverin servait de quartier général, et le faubourg Saint-Antoine de place d'armes; ce plan était ingénieusement conçu ; car l'insurrection était maîtresse ainsi d'un immense demi-cercle qui forme à peu près la moitié de Paris; en cas d'échec, la nature des maisons et le nombre incalculable de rues étroites créaient des difficultés presque insurmontables aux troupes, et laissaient aux émeutiers des chances certaines de retraite; en cas de succès, il était facile à l'insurrection, en s'avançant un peu, d'occuper les lignes importantes des quais et des boulevards, et elle cernait peu à peu l'Hôtel-de-Ville, qui se serait trouvé entouré de tous les côtés; une fois maîtres de la préfecture, les insurgés y établissaient leur gouvernement.

Ce plan fait comprendre comment il a fallu livrer un si rude combat au pont Saint-Michel, au pont de l'Hôtel-Dieu et au pont qui conduit de la rue Planche-Mibray au quai aux Fleurs; c'est qu'en effet l'attaque dirigée sur ces trois points coupait aux insurgés des deux rives leurs moyens de ralliement; on conçoit également l'acharnement avec lequel les émeutiers ont défendu la position de Saint-Séverin, qui leur servait de quartier général, et celle de Saint-

Gervais, qui menaçait directement l'Hôtel-de-Ville.

Les mesures prises par l'autorité militaire ont coûté à la France un grand nombre de braves gens. Ce triste résultat était inévitable; on ne peut en douter, quand on voit l'énergie sauvage avec laquelle les insurgés se sont défendus, mais elles ont fait manquer le vaste projet qui avait été conçu. La lutte a continué aujourd'hui sur beaucoup de points, mais elle était devenue isolée sur chacun de ces points par le manque de communication.

« Aujourd'hui, dit un journal, la lutte dure encore; elle ne sera peut-être pas terminée ce soir; elle fera encore verser du sang, mais le résultat n'est plus douteux.

Nous devons rendre un éclatant hommage à l'intelligence et à l'énergie avec lesquelles le général Cavaignac a attaqué l'insurrection. Il a sauvé Paris.

La soirée s'est passée assez tranquillement; la surveillance de la garde nationale a duré toute la nuit; les fenêtres étaient éclairées dans toutes les rues, et de cinq minutes en cinq minutes les sentinelles, placées à quelques pas de distance les unes des autres, se répétaient le cri de : *Sentinelles, prenez garde à vous!* L'ordre a ainsi été maintenu pendant toute la nuit, et ce matin, à cinq heures, le rappel a été battu.

L'insurrection se trouvait concentrée dans les faubourgs du Temple, Saint-Antoine, Saint-Denis et Poissonnière, et dans les quartiers du Temple et Saint-Martin.

Ce matin, l'attaque a recommencé contre tous ces points, et elle a été poursuivie avec une grande énergie.

Le quartier du Temple a pu être balayé, mais les insurgés qui l'occupaient se sont retirés dans le faubourg de ce nom, et ont rejoint les émeutiers retranchés à la Villette et à la Chapelle.

La barricade Poissonnière a été prise aujourd'hui. Voici les détails que nous pouvons donner comme certains : A l'extrémité du faubourg Poissonnière, il y a un vaste chantier de pierres de taille destinées à la construction de l'hospice; les insurgés ont roulé ces pierres en dehors du mur d'enceinte, et ils ont élevé derrière la barrière même un mur haut de douze mètres, et qui, par son épaisseur, semblait à l'épreuve du canon; puis ils se sont emparés de la maison de l'octroi, dans laquelle ils ont percé des ouvertures qui leur servaient de meurtrières. Leur position était ainsi très forte.

Aujourd'hui, vers deux heures, on s'est décidé à débusquer les insurgés. Pour y parvenir, les troupes sont entrées dans quelques-unes des maisons voisines, d'où elles ont pu dominer l'asile où s'étaient retranchés les émeutiers, qui, en butte à un feu qui les enveloppait de toutes parts, ont fini par se rendre; ils ont été conduits à la caserne Poissonnière.

On cite à ce sujet un fait qui prouve mieux que toutes les paroles l'énergie barbare avec laquelle les insurgés se sont défendus; dès hier soir, la dernière maison du faubourg avait été occupée par des troupes et des gardes nationaux; pour faire cesser ce feu qui les inquiétait, les insurgés ont essayé d'incendier la maison d'où il partait.

A cet effet, ils ont pris une pompe pour lancer de l'essence sur le toit de cette maison et mettre le feu à cette matière inflammable. On ajoute que la pompe, qui a été prise, a été conduite à la mairie du troisième arrondissement.

Dans ce combat, les gardes nationaux de Rouen ont fait preuve d'un admirable courage.

A quelques pas de là, les barricades élevées à la barrière Rochechouart ont été enlevées; la garde nationale d'Amiens s'est distinguée à cette attaque.

Vers huit heures, la position occupée par

les insurgés à la barrière Poissonnière et sur le boulevard extérieur était enlevée, et les troupes étaient maîtresses de toutes ces hauteurs, qui ont été confiées à la garde nationale. Les pièces de canon qui avaient été dirigées sur ce point viennent d'être ramenées dans l'intérieur de Paris, sous la protection d'une compagnie de cuirassiers.

A deux heures, le bruit s'est répandu que la lutte recommençait aux abords de l'Hôtel-de-Ville, du côté de l'église Saint-Gervais; on assure que cette position a été presque immédiatement reprise par les troupes.

Dans la journée, un combat assez grave s'est engagé dans le bas du faubourg du Temple. Les insurgés avaient arboré le drapeau noir. On annonce que le colonel du 48e de ligne a été tué près du Château-d'Eau.

A la place Maubert, un coup de fusil a été tiré d'une fenêtre sur la garde républicaine qui se trouvait sur la place. Ces militaires sont montés immédiatement dans la maison.

Le *Moniteur du soir* dit que l'individu qui avait tiré a été découvert et fusillé sur-le-champ.

La Patrie rapporte que, vers onze heures, des coups de feu ont été tirés du haut d'une maison située sur la place du Châtelet. Sept ou huit représentants ceints de leur écharpe se rendaient à l'Hôtel-de-Ville; aucun d'eux n'a été atteint. Des gardes nationaux et des gardes mobiles se sont aussitôt précipités dans cette maison et ont fouillé tous les étages; mais ils n'ont pu trouver personne; les individus qui avaient tiré se sont sans doute échappés par les toits.

Les insurgés restaient retranchés dans le faubourg Saint-Antoine, où ils n'avaient point encore été sérieusement attaqués. Une barricade très-forte avait été dressée sur la place de la Bastille; on l'a vigoureusement attaquée aujourd'hui vers deux heures. Des canons ont été braqués sur ce point et la canonnade a duré longtemps. Les troupes ont enlevé plusieurs barricades et se sont en partie rendues maîtresses de la rue du Faubourg; mais ce succès a coûté bien cher. Le général Négrier, représentant du peuple et questeur de l'Assemblée nationale, a été tué; un autre représentant, M. Charbonnel, a été blessé, dit-on, mortellement. L'attaque recommencera demain sur ce point, le seul où les insurgés paraissent encore en force. »

Tout en prenant de sages dispositions pour combattre l'émeute, Cavaignac s'efforçait d'encourager la garde nationale et l'armée et à rassurer les esprits par ses proclamations.

Le chef du pouvoir exécutif aux citoyens gardes nationaux.

« L'attaque dirigée contre la République a soulevé une indignation universelle. De toutes parts les gardes nationales se lèvent spontanément et viennent en aide à leurs frères de Paris. Dans la soirée d'hier, pendant toute la nuit, de nombreux bataillons sont arrivés; les routes sont couvertes de citoyens armés pour la défense de la République. Tous veulent partager avec les légions de Paris et de la banlieue l'honneur de sauver la société menacée dans ses institutions démocratiques, et terminer enfin une lutte affligeante pour la patrie.

« Que chacun soit à son poste, et aujourd'hui la rébellion aura disparu.

« Des renforts de troupes nous arrivent de province; les hommes, les munitions, les vivres, rien ne manque.

« Général E. Cavaignac. »

« La cause de l'ordre et de la vraie République triomphe. L'insurrection s'affaisse, des quantités considérables d'armes sont enlevées; partout, la garde nationale et l'armée, toujours admirables dans leur unité, gagnent du terrain et enlèvent tous les obstacles. Nous pouvons l'affirmer sans crainte; la patrie et la société sont sauvées. De tous les départements arrivent des secours fraternels; la France entière bat d'un seul cœur et aspire au même but, la République et l'ordre.

« Le chef du pouvoir exécutif,

« E. Cavaignac. »

« Le chef du pouvoir exécutif arrête :
« Les maires des divers arrondissements de Paris devront procéder au désarmement de tout garde national qui, sans motif légitime, manque aux appels qui lui sont faits pour concourir à la défense de la République.

« E. Cavaignac. »

Paris, le 25 juin 1848.

« Enfin l'émeute est vaincue. Maître de la

situation et disposant de forces immenses qu'il voyait s'accroître sans cesse, le général Cavaignac a mieux aimé procéder sûrement et avec lenteur, que d'obtenir un succès plus prompt au prix de plus douloureux sacrifices. Honneur à lui! il a su allier les devoirs de l'humanité à la fermeté indomptable qu'on attendait de son caractère. Demain, les derniers des factieux seront obligés de faire leur soumission entre ses mains ou celles de ses dignes lieutenants, et avec ce concours *entier, loyal, sympathique*, de tous les bons citoyens, qu'il sollicitait ce matin dans ses nobles proclamations, et qui lui est dû à tant de titres, il aura sauvé la République.

Puisse-t-il, aussi heureux désormais qu'il a été sage et intrépide, conserver pour le bien du pays la confiance dont il est justement entouré, et préserver les insensés qu'on a trompés si cruellement des conséquences de leur propre fureur!

Le général annonça ainsi la fin de la lutte :

« La cause sacrée de la République a triomphé, dit-il à l'armée et à la garde nationale; votre dévouement, votre courage inébranlable, ont déjoué de coupables projets, fait justice de funestes erreurs. Au nom de la patrie, au nom de l'humanité tout entière, soyez remerciés de vos efforts, soyez bénis pour ce triomphe nécessaire.

« Ce matin encore, l'émotion de la lutte était légitime, inévitable. Maintenant, soyez aussi grands dans le calme que vous venez de l'être dans le combat. Dans Paris, je vois des vainqueurs, des vaincus; que mon nom reste maudit, si je consentais à y voir des victimes! La justice aura son cours, qu'elle agisse; c'est votre pensée, c'est la mienne.

« Prêt à rentrer au rang de simple citoyen, je reporterai au milieu de vous ce souvenir civique, de n'avoir, dans ces graves épreuves, repris à la liberté que ce que le salut de la République lui demandait lui-même, et de léguer un exemple à quiconque pourra être à son tour appelé à remplir d'aussi grands devoirs. »

Tout étant terminé, le gouvernement demeurant fort et respecté, le général Cavaignac se présenta à l'Assemblée, et déclara simplement, sans phrases, comme un homme qui vient de remplir les devoirs les plus ordinaires, que l'État n'étant plus menacé, il remettait à l'assemblée le pouvoir suprême dont elle l'avait investi.

« Nous vous le rendrons, général, » lui crièrent plusieurs représentants.

En effet, l'Assemblée l'a confirmé à l'unanimité dans l'autorité dictatoriale qu'elle lui avait conférée.

HISTOIRE

DE

MONSEIGNEUR AFFRE

ARCHEVÊQUE DE PARIS.

Mgr L'ARCHEVÊQUE DE PARIS.

HISTOIRE

DE

MONSEIGNEUR AFFRE

La mort de l'archevêque de Paris est une des plus belles pages de la triste histoire des quatre journées de juin. Le martyrologe n'offre rien de plus admirable. Emporté sanglant à travers les barricades, où il était allé précédé du rameau de la paix et portant des paroles de fraternité, la seule pensée, la seule parole de ce noble martyr était : *Que mon sang soit le dernier versé !*

Nous ne saurions dire le deuil universel que cet événement a répandu dans Paris, et dans cette grande cité ensanglantée ceux mêmes qui avaient à pleurer quelqu'un des leurs réservaient encore une part de larmes au saint martyr.

Tout est grand, tout est sublime dans la mort de l'archevêque. Quand il prit la noble résolution de tenter un dernier effort pour arrêter l'effusion du sang, il savait parfaitement à quoi il s'exposait. C'est de propos délibéré qu'il a donné sa vie. Il a proposé et exécuté sa démarche avec une extrême simplicité; il a accompli son sacrifice avec un courage calme et sans emphase. On l'admire, on le pleure, mais on ne le plaint pas; car sa mort est la plus belle dont puisse mourir un pasteur, un missionnaire de l'Évangile.

Que son sang féconde le grand principe pour le triomphe duquel il a donné sa vie avec une si admirable abnégation! Que cet exemple de charité héroïque apprenne au monde que la France n'est pas seulement la première des nations par son courage, et que, si elle a des soldats intrépides pour la défendre, elle a aussi des apôtres généreux pour perpétuer en elle la tradition des vertus sublimes et du dévouement à l'humanité !

L'archevêque de Paris, Affre (Denis-Auguste), naquit à Saint-Rome-de-Tarn, humble village du Rouergue, le 28 septembre 1793. Cette date, qui indique que c'est au milieu des émotions de la terreur, au commencement de la première ère de la République française, qu'il vit le jour, nous force à faire ce rapprochement : que c'est au milieu des luttes sanglantes de la nouvelle ère républicaine qu'il est mort !

Sa famille, une des plus anciennes du pays, appartenait à la haute bourgeoisie. Aussi, quand il fut nommé archevêque de Paris, il faisait un jour cette remarque en voyant les portraits des archevêques de Paris, qui étaient revêtus de titres sans nombre : « Que diraient mes illustres prédécesseurs s'ils revenaient en ce monde et qu'ils vissent leur trône occupé par un bourgeois du Rouergue?... »

Dans son mandement de prise de possession, on trouve cette phrase : « Notre nom est sans éclat, et nous pouvons dire, comme le premier roi des Hébreux : que notre tribu est une des plus petites en Israël, et que notre père n'est point un des grands de sa tribu. »

Il fit ses études au collége de Saint-Affrique. A l'âge de quinze ans, il entra au séminaire de Saint-Sulpice, qui a donné à l'église tant de pieux pontifes et de pères illustres. C'était au commencement de l'empire. Il reçut les ordres à vingt-trois ans, et fut envoyé à Nantes comme professeur de philosophie. Il s'y fit remarquer bientôt par son zèle, son savoir et l'originalité caractéristique de son esprit. Denis Affre avait reçu de la nature trois dons précieux qui font immanquablement les hommes supérieurs :

une haute intelligence, un caractère énergique, un grand amour de la vérité. A ces dons précieux de la nature, qui ne sont rien sans ceux de la grâce, Dieu joignit une foi inébranlable, une sévérité de mœurs qui ressemblait à la candeur de l'enfance, une charité ardente qui fait qu'on meurt pour ceux qu'on aime. Ces qualités et ces vertus, l'archevêque de Paris les mit au service de l'église qu'il aima jusqu'à la passion. Tel fut l'homme, tel fut le pontife!

En 1822, il fut nommé grand vicaire à Amiens. C'est là qu'il composa et fit publier le *Manuel des institutions*, excellent petit livre où se trouvent les meilleurs conseils pratiques, et son *Traité de l'administration temporelle des paroisses*, son livre de prédilection et le meilleur qui ait été écrit sur cette matière.

Il publia aussi d'autres ouvrages, tels que l'*Essai sur les hieroglyphes égyptiens*, analyse des critiques adressées par Klaproth à

Champollion le jeune, et le *Traité de la suprématie temporelle du pape*, réfutation des œuvres de l'abbé de Lamennais.

En 1831, il était encore grand vicaire à Amiens, lorsque Louis-Philippe vint visiter le département. Dans un discours, qui eut alors un immense retentissement, il défendit les droits et l'honneur du clergé. On se rappelle encore les paragraphes suivants :

« En visitant cette province, vous exercez, prince, l'une des plus nobles missions : vous venez vous enquérir de tous les besoins, écouter l'expression de tous les vœux. Le clergé de ce diocèse ne vous exprimera qu'un seul désir, celui d'exercer, avec une sainte liberté, un ministère qui n'est pas sans influence sur le bonheur de cette contrée. — Faire respecter les mœurs, inspirer la modération des désirs, calmer les haines privées, telle est une partie importante de notre mission; et c'est aussi le seul dévouement que vous puissiez réclamer de nous. Nous serions plus que récompensés de nos efforts, si la droiture de nos intentions était universellement reconnue, et surtout si nos travaux ne demeuraient pas sans succès. »

Nommé d'abord chanoine par l'archevêque de Paris, puis coadjuteur de Strasbourg avec le titre d'évêque de Pompéiopolis *in partibus infidelium*, il continua de consacrer ses loisirs à l'étude, et publia son fameux traité de la propriété des biens ecclésiastiques.

Dans un de ses ouvrages, il établit que *la République peut être le droit divin*, puis il ajoute :

« En rappelant les premiers commencements des sociétés humaines, nous ne prétendons pas nous établir les défenseurs des gouvernements absolus ; nous déclarons même que nous regardons comme un crime de renverser une constitution libre et légitime, pour lui substituer *l'autorité d'un seul*. Le gouvernement qui régit un peuple n'est pas la propriété de ce peuple, en ce sens qu'il puisse en user et en abuser, qu'il ait, comme le prétend Jurieu, le droit de tout faire; mais il a des droits incontestables : le plus essentiel de tous, après celui de la religion, est de n'être pas privé de ses lois fondamentales. C'est ainsi que partout l'autorité peut être limitée. Lorsqu'elle est mixte ou républicaine, elle s'éloigne davantage de cette unité primitive qui faisait un père du chef de l'État; *mais elle n'en a pas moins une origine divine,* parce que tous les droits acquis par les lois, les mœurs, les prescriptions, les concessions des souverains, sont consacrés par l'auteur même de l'ordre et de la nature. »

Ce passage surprendra beaucoup de républicains de la veille.

Nommé archevêque de Paris en 1840, une période nouvelle s'ouvre dans la vie de monseigneur Affre.

L'humble et savante carrière du prêtre est

achevée : la haute mission du pontife commence.

Huit années durant, il aura à régir le plus populeux diocèse de France; il lui faudra gouverner, instruire, évangéliser la grande capitale, cet immense réceptacle où se rencontrent côte à côte l'excès du bien et l'excès du mal. Il se trouvera en rapports continuels avec les souffrances des petits et avec l'orgueil des grands. Lui, le pasteur simple et droit, lui, l'homme d'étude, de retraite et de prières, il sera aux prises avec l'habileté consommée des politiques, avec les intrigues savantes du pouvoir; et il devra veiller à chaque heure du jour et de la nuit pour garder et pour défendre les droits, la liberté, l'honneur de son église, jusqu'à ce qu'enfin, holocauste de charité et de concorde, il en vienne à verser tout son sang pour l'amour et pour le salut de son troupeau!

Plusieurs mandements très-remarquables, soit par leur étendue, soit par la profondeur et la sagesse des vues; un Traité sur les Études, qui est un petit chef-d'œuvre; une Introduction à l'Étude de la Philosophie, qui a pris sa place parmi les livres classiques; des Discours prononcés dans des occasions solennelles et adressés au monarque alors régnant, qui attestaient sa fermeté tout apostolique et lui valurent des disgraces; enfin, une administration sage, appliquée, des choix judicieux, marquèrent successivement les trop courtes années de son épiscopat.

Il paraît positif que, depuis dix ans, il n'y a eu que deux interdits proprement dits dans le diocèse de Paris. Monseigneur Affre a pu, comme son prédécesseur, recourir quelquefois à des admonitions et à des suspenses pour déterminer quelques ecclésiastiques qui ne faisaient pas le bien à Paris à retourner dans leur diocèse respectif.

« Avant d'arriver au récit de ses derniers instants, dit un écrivain, M. Henri de Riancey, qu'il nous soit permis de le contempler dans son existence intime et de soulever un coin de ce voile où s'enfermait sa noble et sévère modestie.

« Monseigneur Affre avait l'horreur du faste et des grandeurs, et il souffrait des obligations que lui imposait son rang. Et cependant, plus que personne, il demandait à être connu de près pour être apprécié, et presque toujours les esprits les plus prévenus se retiraient changés et satisfaits, quand ils avaient été admis à converser avec lui.

« La rigoureuse austérité de ses mœurs lui donnait le droit d'être très-sévère pour la discipline, sans ôter rien à la douceur et à la bénignité de son caractère. Il était très-accessible à la discussion, et la contradiction franche et polie ne lui déplaisait pas. Assez entier dans ses opinions, il pouvait se laisser entraîner contre ceux qui ne les partageaient pas, et parfois il exprimait ses sentiments avec une netteté un peu vive; mais il revenait aisément sur une première impression, et nul mieux que lui ne savait se réconcilier, réparer un tort ou consoler le repentir.

« Il était bienveillant avec tout le monde, et sa principale application fut de s'élever au-dessus des divisions politiques pour tendre la main indistinctement à tous ses enfants. C'est ainsi que, selon le bel éloge des vicaires généraux capitulaires, « il eut l'insigne honneur de ne satisfaire jamais pleinement les partis, tant il resta dans la vérité. » C'est ainsi encore que son salon se trouvait le rendez-vous des hommes les plus marquants et appartenant aux opinions les plus contraires. Il y avait quelque chose de noble et de consolant, en ces jours de discordes, à voir rassemblés sur le terrain neutre de la religion les gloires de l'empire, les célébrités de la restauration, les ministres en exercice et quelques-uns des soutiens de la République future.

« Mais sa prédilection était pour les pauvres, pour les faibles, pour les ouvriers. On se rappelle combien les besoins des classes laborieuses et souffrantes touchaient son cœur et absorbaient ses méditations. On sait combien il encourageait les œuvres destinées à soulager tant de misères. Il aimait lui-même à se rapprocher du peuple, à se mettre dans ses rangs, à l'attirer vers lui, à lui faire franchir la distance qu'imposait le respect. Jamais il n'était plus heureux qu'aux jours de confirmation, quand il se rendait au sein des paroisses les plus populeuses des faubourgs et de la banlieue. Par un touchant souvenir de celui qui disait : « Laissez venir « à moi les petits enfants, » les mères s'empressaient de lui amener leurs fils et leurs filles. Il les interrogeait, il leur donnait quelque douce parole et il les bénissait. C'est dans une de ces visites pastorales qu'il engagea, par ses simples et familières exhortations, la population de la Gare à construire une église, et, sur ces esprits incultes, c'était un beau triomphe.

« Un autre jour, il arrivait dans une église pour donner le sacrement de confirmation; en même temps une famille présentait un enfant au baptême. A la vue de l'archevêque, le curé annonce que le baptême ne pourra avoir lieu qu'après la cérémonie. Monseigneur entrait; il s'aperçoit que ce retard paraît indisposer vivement le parrain. « Mon« sieur le curé, dit-il en élevant la voix, con« duisez-nous aux fonts, nous allons d'abord « commencer par baptiser cet enfant. » Et le baptême se fait avec la pompe épiscopale; qu'on juge de la surprise et de la joie des parents. La marraine surtout ne pouvait contenir son émotion; elle pleurait à chaudes larmes, et se jeta aux genoux de l'archevêque. Le père était profondément attendri. C'étaient autant d'âmes gagnées par un acte de bonté

« Mais il faut nous arracher à ces touchants détails, les jours et les heures du prélat sont comptés, et l'espace nous manque à nous-même.

« Recueillons-nous maintenant : toute noble et pure qu'ait été cette vie de dévouement, de science et de vertu, elle s'efface devant la majesté de la mort. Ici il n'y a plus que la sublime simplicité de l'héroïsme et de la sainteté. Nous allons écrire les actes d'un martyr. »

Le 25 juin après midi, l'archevêque se rendit à pied à la présidence, où se trouvait le général Cavaignac. Le prélat était en soutane violette; il fut admis auprès du général et lui fit part de sa résolution.

On venait d'apprendre que le général Bréa, ayant voulu essayer sa médiation, avait été massacré, ainsi que son aide de camp. L'idée de la captivité et de la mort se présentait donc à lui, et il répétait : *Ma vie est bien peu de chose!*

« Mais il fallait arriver jusqu'aux barricades, il fallait franchir les rangs de la garde nationale et de l'armée. Monseigneur l'archevêque pensa que le chef du pouvoir exécutif ne refuserait pas de lui faciliter ce passage, accompagné de deux de ses vicaires généraux, les seuls que l'émeute ne tînt pas forcément séparés de lui, et qui sollicitèrent la grâce de le suivre dans cette belle mission.

« Son passage à travers les rues et les quais de la grande ville, devenue méconnaissable et transformée en une sorte de camp militaire, fut marqué par mille bénédictions, par mille scènes de touchant attendrissement. Cette population devinait sa pensée et comprenait, avec cet instinct admirable qui la caractérise, qu'avec lui passait un gage de paix, un symbole d'espérances. Les mères osaient franchir le seuil de leurs demeures pour se jeter à ses pieds avec leurs enfants. Sans avertissements préalables, les tambours battaient aux champs, les officiers et les soldats rendaient les honneurs militaires, et de bien des rangs partaient ces cris : Vive la religion! vive la République! vive l'archevêque!

« Le digne prélat est parti, dit le *Moni-*

teur, emportant la dernière proclamation adressée par le général Cavaignac aux insurgés.

« Dans toutes les rues qu'il avait à traverser et qui venaient d'avoir tant à souffrir, les marques de vénération et de reconnaissance s'augmentaient de tout ce que venaient y ajouter l'horreur de la situation, le péril encore si menaçant, le bruit de la fusillade et du canon qui tonnait à nos oreilles. De jeunes officiers, des gardes mobiles, ces héroïques enfants qui revenaient à l'instant du combat, tout noirs de poudre, couraient à nous et lui prenaient les mains, plusieurs en rappelant que c'était lui qui les avait confirmés et en le conjurant de ne pas s'exposer davantage ; d'autres lui disaient : « Bénissez nos « fusils, nous serons invincibles. »

« Des femmes lui apportaient avec une naïve simplicité du linge et de la charpie, lui demandant que, puisqu'il allait au milieu des blessés et des mourants, il voulût bien s'en charger. « Sans doute, leur répondait-

« il, je vais voir, en passant dans les ambu-
« lances, nos pauvres blessés; mais je me
« hâte d'arriver aux barricades pour essayer
« de faire cesser le feu et empêcher qu'il n'y
« ait de nouvelles victimes. »

« A mesure que nous avancions dans les rangs de l'armée et que nous touchions au lieu du combat, les officiers, émus jusqu'aux larmes, conjuraient l'archevêque de ne pas poursuivre une tentative si périlleuse et probablement sans succès. Ils racontaient de récents malheurs, la mort du général Négrier et de tant d'autres, de plusieurs parlementaires, du général de Bréa et de son aide de camp, et les autres catastrophes que nous voudrions ensevelir dans l'oubli. Il répondait avec calme et un sourire de bonté que, tant qu'il lui resterait une lueur d'espérance, il voulait s'efforcer d'arrêter l'effusion du sang.

« Il s'avançait donc toujours, visitant en passant les ambulances, bénissant et absolvant avec ses grands vicaires les mourants, et disant une parole de tendresse et de piété à chaque blessé.

« Une formidable barricade fermait l'accès du faubourg Saint-Antoine. C'est là que l'archevêque s'arrêta. Arrivé à l'officier supérieur qui commandait l'attaque, il lui fit connaître l'assentiment donné par le général Cavaignac à sa demande, et lui demanda en grâce de suspendre un moment le feu de son artillerie et la fusillade. « Je m'avancerai « seul avec mes prêtres, ajouta-t-il, vers ce « peuple qu'on a trompé. J'espère qu'ils re- « connaîtront ma soutane violette et la croix « que je porte sur ma poitrine. » Cette prière fut accueillie, et, malgré la gravité de la situation, l'ordre fut donné de suspendre le feu. Plusieurs gardes nationaux conjuraient l'archevêque de leur permettre de le suivre, et, s'il le fallait, de mourir avec lui. Il ne le permit pas. Un brave ouvrier obtint seul la permission de marcher devant lui en portant la grande palme verte qu'il avait choisie pour symbole de ses intentions pacifiques. Quelques autres s'attachèrent à ses pas et le suivirent en trompant sa vigilance.

« Nos espérances étaient dépassées. La barricade avait cessé son feu, et ses défenseurs paraissaient montrer des dispositions moins hostiles. A cette bonne nouvelle, l'archevêque traverse la place de la Bastille, court avec ses grands vicaires vers l'entrée du faubourg Saint-Antoine, et un moment se trouve au milieu des insurgés descendus sur la place, auxquels se mêlent plusieurs soldats, empressés sans doute de fraterniser. Mais, en un clin d'œil, quelques collisions éclatent; le cri de : *Aux armes! à nos barricades!* retentit; un coup de fusil part accidentellement, nous le pensons, et aussitôt la terrible fusillade recommence avec énergie. Il était huit heures et demie du soir.

« L'archevêque avait tourné la barricade, il était entré dans le faubourg par le passage étroit d'une maison à double issue, et s'efforçait d'apaiser du geste et de la voix la multitude, qui semblait vouloir l'entendre et applaudissait à sa démarche, quand une balle l'atteignit dans les reins. « Je suis « frappé, mon ami ! » dit-il en tombant à l'ouvrier qui portait la palme verte. Les insurgés s'empressent autour de lui, le relèvent dans leurs bras et l'emportent, par des issues qui leur sont connues, chez le curé de Saint-Antoine, la plupart en lui donnant des marques de vénération et d'amour et en répétant : « Quel malheur ! il est blessé, « notre bon père, notre bon pasteur, qui « était venu pour nous sauver ! » Dans ce court trajet, une balle frappa aussi, mais d'une blessure moins grave, un fidèle domestique qui avait réussi à suivre son maître.

« Des deux grands vicaires, séparés un instant de leur archevêque par la confusion d'un pareil moment, l'un erra une partie de la nuit sans pouvoir pénétrer auprès du prélat, qu'il ne rejoignit que le matin ; l'autre, jeté au pied de la colonne de juillet, y resta quelque temps exposé au feu de la barricade, puis traversa en courant la place de la Bastille au milieu du croisement des balles, qui n'atteignirent que son chapeau. Il apprit bientôt la blessure de l'archevêque, le lieu de sa retraite, et put s'y faire conduire en obtenant le libre passage par quelques maisons du faubourg. Il trouva le vénérable prélat entouré, au presbytère de Saint-Antoine, des soins les plus affectueux et les plus dévoués. »

Il était couché par terre sur un matelas, comme un de ces blessés qu'il venait de visiter. La paix et la sérénité étaient sur son front. Son grand vicaire, qui venait d'apprendre la gravité de sa blessure, se jette à ses genoux en lui baisant les mains et en lui redisant les paroles si souvent répétées dans les heures précédentes : *Bonus pastor animam suam dat pro ovibus suis;* le bon pasteur donne sa vie pour ses brebis. L'archevêque lui dit aussitôt : « Grâce à Dieu, vous n'êtes pas blessé. Je suis heureux de vous avoir auprès de moi, et vous et les bons prêtres qui m'environnent. Je ne manquerai pas de secours spirituels. » Dans la première heure, la douleur ne fut pas fort vive et n'annonçait pas au blessé l'extrême gravité de sa situation. Toutefois les médecins, sans avoir perdu tout espoir, craignaient qu'il ne passât pas la nuit, et il devenait nécessaire de lui faire connaître sa position. Cette douloureuse démarche fut rendue facile par le pieux pontife. Dès qu'il se trouva seul avec son grand vicaire : « Vous avez un devoir d'ami fidèle à remplir, lui dit-il ; vous devez m'avertir de ma situation : ma blessure est-elle grave? — Oui, monseigneur, très-grave; mais nous ne sommes pas sans espoir, et nous prierons tous pour vous. — Il est plus probable que j'en mourrai, n'est-ce pas? — Oui, monseigneur; humainement, il est plus probable que vous en mourrez. » Il se recueillit sans rien perdre de son calme, et, levant les yeux vers le ciel : « Mon Dieu, je vous offre ma vie; acceptez-la en expiation de mes péchés et pour arrêter l'effusion du sang qui coule. Ma vie est bien peu de chose, mais prenez-la. Je mourrais content, si je pouvais espérer la fin de cette horrible guerre civile, si mon sacrifice terminait tant de malheurs. » Il répétait souvent : « Mon Dieu ! mon Dieu ! je remets mon âme entre vos mains. *In manus tuas, Domine, commendo spiritum meum.* Je vous ai offensé, je ne vous ai pas assez aimé ! Ayez pitié de moi selon votre grande miséricorde. » Il goûtait ce mot de miséricorde et disait : « Les souffrances que vous m'envoyez sont un gage de miséricorde, puisqu'elles m'aident à purifier mon âme et à faire pénitence. » Puis, revenant vers la pensée de son cher troupeau, si cruellement frappé : « Dites-lui bien, dites aux ouvriers que je les conjure de déposer les armes, de cesser cette lutte atroce, de se soumettre aux dépositaires du pouvoir; certainement le gouvernement ne les abandonnera pas. Si l'on ne peut leur procurer de l'ouvrage à Paris, on leur en donnera ailleurs. Dites-leur, pour leur plus grand bien, qu'ils se décident à partir. »

On lui faisait remarquer que le feu avait cessé peu après sa démarche et qu'on était plein d'espérance qu'il ne recommencerait pas le lendemain. Cette pensée semblait apporter du baume sur sa terrible blessure.

Une inquiétude paraissait altérer la sérénité de son âme et la joie de son dévouement; il la communiqua, avec l'expression d'un vrai chagrin, au confident intime de ses pensées : c'était la crainte que son héroïque démarche ne fût trop exaltée par les hommes. « Après ma mort, disait-il en soupirant, on va me donner des éloges que j'ai peu mérités. » Les âmes chrétiennes apprécieront l'héroïsme de son humilité presque à l'égal de l'héroïsme de sa charité. Il appelait à son secours Marie, à laquelle il donnait le nom de mère. Il récitait alternativement le *Sub tuum præsidium*, la Vierge de Saint-Bernard : Souvenez-vous, ô très-pieuse

Vierge Marie, etc., et ces paroles : Priez pour nous, pauvres pécheurs, maintenant et à l'heure de notre mort. Il invoquait les anges, et, parmi les saints, surtout saint Denis, son patron et celui de l'église de Paris, qui avait le premier versé son sang pour son église.

Il demanda bientôt au grand vicaire de recevoir sa confession; peu après il demanda le viatique. Il était près de minuit. Pendant les préparatifs de cette pieuse cérémonie, il se plaignait que les douleurs, devenues plus vives, l'empêchassent de se préparer suffisamment à la communion qu'il allait faire. « Aidez-moi, disait-il, parlez-moi du saint sacrement. » Et il entrait avec recueillement dans les pensées de foi et de piété qui lui étaient suggérées.

Son secrétaire particulier, averti par un prêtre dévoué, qui avait franchi sans crainte de danger l'espace qui nous séparait de l'archevêché, était arrivé avec un second domestique. M. le curé de Sainte-Marguerite était accouru à la triste nouvelle. Le bon prélat disait à tous de bonnes et saintes paroles avec une parfaite liberté d'esprit. Il bénissait ses domestiques, et spécialement ce fidèle serviteur blessé à côté de son maître, qui s'était traîné de son matelas pour lui baiser encore une fois la main. Il sanglotait en l'entendant leur demander pardon des impatiences qui avaient pu lui échapper avec eux.

Cependant tout était prêt pour la réception des derniers sacrements. Les prières ayant commencé, il y répondait avec calme, au milieu de l'émotion des prêtres qui l'entouraient. Après avoir reçu l'extrême-onction, il renouvela avec fermeté la profession de sa foi, et spécialement de sa foi en la présence réelle de Notre-Seigneur Jésus-Christ dans le sacrement adorable de l'eucharistie, qu'on venait d'apporter. Le prêtre lui ayant dit que Jésus-Christ, qui avait souffert et qui était mort pour le salut du monde, venait le visiter et descendre dans son âme pour être sa force, pour l'aider à souffrir et à mourir aussi pour le salut de son troupeau, il se recueillit, goûta cette pensée, et reçut avec une sainte émotion le viatique des mourants.

Tout le reste de la nuit fut accompagné de souffrances cruelles; les plaintes qu'elles lui arrachaient étaient accompagnées de nouveaux élans de piété : « Mon Dieu que je souffre! *Non est dolor sicut dolor meus.* Je vous offre mes souffrances, que ma volonté ne s'accomplisse pas, mais la vôtre. Mon Dieu, je vous aime; vous êtes mon père, le meilleur et le plus tendre des pères. » Puis, revenant encore à son cher troupeau. « Mon Dieu, si je souffre, je l'ai bien mérité, moi; mais votre peuple, votre pauvre peuple, faites-lui miséricorde; *parce, Domine, parce populo tuo, ne in æternum irascaris nobis.* »

Le matin, le docteur Cayol, son médecin et son ami, était enfin parvenu à le rejoindre, ainsi que le grand vicaire, qui en avait été violemment séparé la veille. On chercha les moyens de transporter l'auguste blessé à l'archevêché. Le maintien des barricades rendait ce projet presque impossible. Les insurgés, qui avaient veillé en silence pendant toute la nuit autour de l'asile qui avait reçu le bon pasteur, venaient avec anxiété chercher de ses nouvelles. Les hommes, les femmes, les enfants, montraient la plus vive émotion, et laissaient couler des larmes en apprenant la triste réalité. Les grands vicaires, le curé de Saint-Antoine, les autres prêtres présents, y ajoutaient le récit des paroles admirables par lesquelles le bon pasteur les conjurait de déposer les armes et de profiter du délai qui venait de leur être accordé pour faire leur soumission. On leur répétait souvent le vœu du pontife blessé à mort : Que mon sang soit le dernier versé. Ils baissaient la tête avec une vive douleur, et nous ne doutons pas que l'impression profonde produite dans l'immense faubourg par le dévouement pastoral n'ait contribué pour beaucoup à rendre la dernière résistance peu longue et à hâter la pacification générale.

Vers une heure, dès que le chemin fut ouvert, l'archevêque fut placé sur un brancard fabriqué à la hâte; des ouvriers du faubourg, des soldats, des gardes nationaux, réunis par une affection de regrets communs, ne disputaient plus que l'honneur de porter ce précieux fardeau. Un cortége, formé à la hâte de soldats et d'officiers des différents corps, se mit en marche avec les prêtres, les médecins, les serviteurs du prélat; une longue haie de peuple pénétré de respect, de douleur, d'admiration, la garde nationale et les troupes pleines des mêmes sentiments et rendant les honneurs militaires, l'accueillaient sur son passage; on se jetait à genoux, et on faisait le signe de la croix comme devant les reliques d'un martyr; des prêtres, accourus de tous les points de Paris, le reçurent à l'archevêché, tout baignés de larmes, mais aussi tout fiers de la gloire si sainte de leur pontife. Paris tout entier partageait ce double sentiment, et, au milieu de si grands malheurs, ce malheur semblait dominer tous les autres. La paix, la sérénité, la piété de l'archevêque, étaient toujours les mêmes, à mesure que le mal faisait de plus profonds ravages. Il bénissait les soldats de son escorte tombés à genoux autour de son lit; il répondait à ses grands vicaires et aux membres de son chapitre, de son clergé, de ses séminaires, se pressant tous autour de lui, que ce n'était pas pour sa guérison qu'il fallait prier, mais pour que sa mort fût sainte. Il baisait souvent avec piété un crucifix qu'on lui présentait, en lui rappelant que c'était le souverain pontife qui le lui avait envoyé comme un gage de sa tendresse paternelle, et qui y avait attaché des indulgences pour l'article de la mort.

Les plus illustres médecins et chirurgiens

de la capitale avaient inutilement été appelés. Tout espoir était perdu ; son agonie commença le mardi vers midi. Depuis ce moment jusqu'à quatre heures et demie, heure de sa mort, les prières de la recommandation de l'âme furent récitées à travers les sanglots d'une nombreuse assistance de prêtres, de gardes nationaux, d'hommes de toutes les conditions. Quand enfin le saint archevêque eut rendu le dernier soupir, un des grands vicaires ayant rappelé aux prêtres présents, et tous baignés de larmes, quelques-unes des plus touchantes paroles du martyr de la charité, tous étendirent la main sur son corps, et jurèrent de consacrer, à son exemple, leur vie jusqu'à la dernière goutte de leur sang pour la gloire de Dieu et le salut de leurs frères. Ce serment, tout le clergé de Paris et de la France le répète, et il le tiendra.

Imprimerie GERDÈS, 10, rue Saint-Germain-des-Prés.

www.ingramcontent.com/pod-product-compliance
Lightning Source LLC
LaVergne TN
LVHW051508090426
835512LV00010B/2404